*mi*cocina

aves

¡HOLA!

sumario
& ave

a diario

entre amigos

día de fiesta

¡soy el chef!

a diario & ave

cucurucho de primavera **de pollo y gambas**

2 | 10 min | 20 min

Ingredientes:

1 pechuga de pollo de corral
2 obleas de arroz
4 gambas rojas cocidas
1 zanahoria
1 pepino
100 g de lombarda
2 hojas de lechuga
50 g de brotes de soja
1 cucharada de salsa de soja
1 cucharada de vinagre de arroz
3 ramitas de cebollino
5 cucharadas de aceite de oliva
Sal
Pimienta negra

truco ¡H!

Puede utilizar las obleas de arroz en seco o humedecerlas salpicando con las manos unas gotas de agua.
Y hacer las pechugas de pollo a la plancha.

PELE la zanahoria y el pepino, lávelos y córtelos en bastoncitos. Cueza la pechuga de pollo a fuego vivo durante 20 minutos en agua con sal.
Deje enfriar y corte en bastoncitos.

ECHE en un bol y rocíe con 2 cucharadas de aceite. Sazone con sal y pimienta recién molida y añada el cebollino picado.

LAVE y corte en juliana la lombarda. Retire la cabeza a las gambas y pélelas. Mezcle en un bol la salsa de soja, el vinagre de arroz y el aceite restante. Sumerja unos instantes en esta vinagreta los brotes de soja, los bastoncitos de zanahoria y pepino y la juliana de lombarda y escurra sobre papel absorbente.

FORME dos cucuruchos con las obleas de arroz y rellénelos con todos los ingredientes preparados. Sirva la salsa restante aparte.

mar y montaña
en ensalada

4 · 20 min · 15 min

Ingredientes:

4 cogollos de Tudela
2 pechugas de pollo de corral
16 langostinos cocidos
80 g de anacardos
4 ramitos de cilantro
5 cucharadas de aceite de oliva
1 cucharada de vinagre de jerez
1 cucharadita de mayonesa
Sal
Sal Maldon ®
Pimienta blanca

CUEZA la pechuga durante 20 minutos en agua con una pizca de sal. Escurra y deje enfriar. Corte en trozos grandes, eche en un bol y rocíe con 2 cucharadas de aceite. Dore 60 g de anacardos en una sartén antiadherente y píquelos en grano grueso. Reboce los trozos de pechuga en esta picada y reserve.

PELE los langostinos dejando el último anillo y la cola. Parta al medio los cogollos, lávelos y escúrralos bien sobre papel absorbente. Lave el cilantro, retire los tallos y seque de igual manera.

MEZCLE en un bol el aceite restante, el vinagre y la mayonesa. Coloque en cada plato 2 medios cogollos, 4 langostinos y 1/4 del pollo troceado. Aliñe con la vinagreta, sazone con sal Maldon y decore con el resto de anacardos y las hojitas de cilantro.

truco **¡H!**

Puede hacer la pechuga a la plancha o salteada y sustituir los anacardos por otros frutos secos dorados ligeramente en sartén y espolvoreados por encima de la ensalada.

ensalada de pollo
con mijo

6 | 30 min | 1h20 min

Ingredientes para la ensalada:

250 g de mijo
1 pollo
1 lechuga romana
50 g de pasas de Corinto
70 g de almendras peladas tostadas
1 cucharadita de semillas de cilantro
1/2 cucharadita de sal gorda
12 granos de pimienta negra
0,5 g de hebras de azafrán
1 cucharada de cúrcuma

Para la vinagreta:

100 ml de aceite de oliva virgen
3 cucharadas de vinagre de sidra
2 pimientas de Cayena
1/2 cucharadita de cúrcuma
Sal

Para decorar:

Unos ramitos de cilantro

truco ¡H!

Puede reemplazar el mijo por trigo sarraceno. En este caso habrá que prolongar el tiempo de cocción. También puede hacer la ensalada con cuscús: tiempo de cocción según se indique en el paquete.

LA ENSALADA: Ponga una cazuela al fuego con 2 litros de agua. Añada el pollo entero, las semillas de cilantro, el azafrán, los granos de pimienta y una pizca de sal y cueza a fuego lento durante 1 hora. Retire el pollo, cuele el caldo y reserve.
LLEVE a ebullición 300 ml de este caldo. Incorpore el mijo y cueza a fuego medio hasta la completa absorción del líquido, unos 20 minutos. Ponga las pasas en remojo en un poco de caldo caliente.
CORTE el pollo en trozos, retirando los huesos y la piel, y eche en un bol. Espolvoree con cúrcuma y mueva con una cuchara los trozos de pollo para que absorban el condimento. Vierta en una ensaladera el mijo cocido, incorpore las pasas escurridas y mezcle con un tenedor.
LA VINAGRETA: Pique la mitad de las hojas de cilantro. Eche el aceite en un bol y añada el vinagre, la sal, la cúrcuma, las pimientas de Cayena y el cilantro picado. Bata con un tenedor para emulsionar y vierta la mitad de esta vinagreta sobre el mijo, mezcle bien y reserve. Aliñe con el resto de vinagreta los trozos de pollo y remueva.
PRESENTACIÓN: Separe las hojas de lechuga, lávelas, escúrralas y séquelas concienzudamente. Colóquelas en el fondo de una fuente redonda grande. Vierta encima el mijo, añada los trozos de pollo y las almendras y decore con hojitas de cilantro.

pollo tandoori
con uvas

6 | 20 min | 15 min

Ingredientes:

3 pechugas de pollo de corral
500 g de uvas
6 cebollitas francesas
2 cucharadas de tandoori en polvo
1/2 limón
2 cucharadas de aceite de oliva
2 yogures
Sal
Pimienta negra

Para decorar:

1/2 cucharadita de semillas de cilantro machacadas

truco **¡H!**

El polvo de tandoori, mezcla de especias indias, se encuentra fácilmente en establecimientos de alimentación asiática o en tiendas gourmet.

CORTE las pechugas en dados de 2 o 3 cm de lado. Eche en un bol grande los yogures, el tandoori y el zumo de 1/2 limón. Mezcle hasta conseguir una crema uniforme y vierta los dados de pollo. Impregne bien todos los dados con la marinada y reserve en el frigorífico durante 6 horas.

PELE las uvas, córtelas por la mitad y retire las pepitas. Dórelas a fuego moderado durante 2 minutos en una sartén antiadherente con 2 cucharadas de aceite. Retire las uvas y saltee durante 2 minutos en la misma sartén a fuego vivo los trozos de pollo dejando que se doren por todas sus caras.

SAZONE con sal y pimienta recién molida y cueza a fuego bajo 5 minutos añadiendo un poco del jugo que han soltado las uvas si fuera necesario. Incorpore las uvas, cueza 1 minuto más y retire del fuego. Espolvoree con las semillas de cilantro y acompañe con las cebollitas crudas cortadas en juliana fina.

brochetas de pollo
tikka masala

4 · 20 min · 45 min

Ingredientes:

2 pechugas de pollo
280 g de arroz basmati
50 g de pasas
Sal

Para la marinada tikka masala:

2 cucharadas de carne de pimiento choricero
1 cucharadita de cilantro picado
2 cm de raíz de jengibre rallada (o 1 cucharadita de jengibre en polvo)
1 cucharadita de cominos molidos
1 cucharadita de cúrcuma
1/2 cucharadita de nuez moscada rallada
2 yogures
1 limón
2 cucharadas de aceite de oliva
1/2 cucharadita de azúcar glas
1/2 cucharadita de tomate concentrado

truco ¡H!

Puede acompañar estas brochetas con berenjenas, cebollas e hinojo a la plancha o rebozados.

CORTE las pechugas en dados de 2 o 3 cm de lado. Pele y pique los dientes de ajo. Exprima el limón y cuele el zumo. Eche en un bol la carne de pimiento choricero, el ajo picado, el cilantro, el jengibre, los cominos, la cúrcuma y la nuez moscada. Añada los yogures, el zumo de limón, el azúcar, el tomate concentrado y el aceite y mezcle bien para que se repartan todas las especias.

VIERTA los dados de pollo en la marinada, remueva con una cuchara para que se impregnen por todos los lados y meta al frigorífico durante al menos 3 horas. Ponga en remojo las pasas en agua templada.

PONGA al fuego una cazuela con 1 litro de agua y una pizca de sal. Eche el arroz, lleve a ebullición y cueza a fuego medio durante 18 minutos aproximadamente, hasta que esté en su punto. Escurra al chorro de agua fría y reserve.

PRECALIENTE el grill del horno a 250°. Escurra los trozos de pollo, conservando la marinada. Ensarte los trozos en las brochetas y póngalas en una fuente refractaria. Hornee durante 4 minutos. Dé la vuelta a las brochetas y hornee 3 minutos más.

ECHE la marinada en un cazo y caliente a fuego bajo hasta obtener una salsa untuosa y ligeramente especiada. Escurra las pasas y mezcle con el arroz (puede añadir 50 g de mantequilla para que quede más jugoso el arroz).

SIRVA las brochetas antes de que se enfríen y acompañe con el arroz con pasas y la salsa preparada.

curry verde de pollo

4 | 10 min | 40 min

Ingredientes:

400 g de pechuga de pollo
2 cucharadas de pasta de curry verde
150 g de cebollas
200 ml de leche de coco
2 dientes de ajo
1 cucharada de aceite de cacahuete
1 guindilla verde
2 cucharadas de cilantro fresco picado
200 g de arroz basmati
1 rama de canela
4 granos de cardamomo
40 g de mantequilla
Sal

truco ¡H!

Procure retirar las semillas a los pimientos picantes. Picarán mucho menos.

PELE, lave y corte en juliana las cebollas. Pele y pique los dientes de ajo. Lave la guindilla verde, córtela en 2, retire el tallo y las semillas y corte en juliana. Trocee el pollo en tiras finas.

ECHE el aceite en una sartén antiadherente y dore durante 3 minutos las tiras de pollo. Añada el ajo picado, la juliana de cebolla y la guindilla y cueza a fuego bajo 3 minutos más. Incorpore la pasta de curry verde y la leche de coco, mezcle con una cuchara de madera y deje que cueza otros 15 minutos removiendo de vez en cuando.

FUNDA la mantequilla en una sartén antiadherente y saltee el arroz durante 1 minuto. Añada las especias, sazone con sal, bañe con 750 ml de agua caliente y cueza a fuego lento durante 15 minutos, hasta que el arroz esté tierno. Espolvoree el guiso de pollo con el cilantro picado y sirva con el arroz.

tagine de **pollo con miel**

4 | 20 min | 30 min

Ingredientes:

450 g de pechuga de pollo
450 g de cebollas
50 g de mantequilla
1 limón confitado
2 cucharadas de miel
125 g de aceitunas verdes
150 g de uvas
3 ramitas de tomillo
2 cucharadas de aceite de oliva
1/2 cucharadita de pimienta negra recién molida
1/2 cucharadita de nuez moscada rallada
1/2 cucharadita de jengibre rallado
1/2 cucharadita de canela molida
2 cucharaditas de cúrcuma
Sal

truco **¡H!**

Puede sustituir la mantequilla por aceite de oliva extra virgen y el pollo por pavo o faisán.

CORTE el pollo en dados de 3 cm de lado. Pele, lave y corte en juliana las cebollas. Parta al medio el limón y córtelo en láminas finas. Retire las pepitas a las uvas.

PONGA al fuego una sartén antiadherente con 2 cucharadas de aceite y dore los dados de pollo por todos sus lados durante 2 o 3 minutos. Escurra los dados de pollo del exceso de aceite y reserve.

BAJE el fuego al mínimo, añada la mantequilla y las cebollas y poche al mínimo fuego durante 5 minutos.

Añada la miel y las especias y continúe la cocción durante 8 minutos.

INCORPORE los trozos de pollo, sazone con sal y añada las láminas de limón confitado, las aceitunas y el tomillo y cueza a fuego medio durante 10 minutos. Eche las uvas, prosiga la cocción otros 5 minutos y sirva inmediatamente.

salteado de pollo
con ajo y pimientos

6 | 10 min | 25 min

Ingredientes:

1 pollo cortado en octavos
1 cabeza de ajos
300 g de pimientos rojos
300 g de pimientos verdes
4 cucharadas de aceite de oliva
1 guindilla muy picada
Sal
Pimienta negra

truco ¡H!

Utilice la cabeza de ajos con su piel para evitar que se quemen. No dude en añadir un poco más de agua si fuera necesario.
Puede agregar al salteado un poco de vino blanco: resultará más sabroso.

LAVE los pimientos, retire el tallo y las semillas y corte en rodajas. Corte la cabeza de ajos en 2 en sentido horizontal. Sazone con sal y pimienta recién molida los trozos de pollo. Ponga al fuego una sartén antiadherente grande con 4 cucharadas de aceite y dore los ajos por la cara del corte. Retire y reserve.

DORE en el mismo aceite los trozos de pollo por todas sus caras, poco a poco y sin amontonar en la sartén. Primero los muslos, luego las alas y, por último los trozos de pechuga. Incorpore los pimientos, saltee 2 minutos más y retire el exceso de aceite.

AÑADA los ajos dorados y 50 ml de agua y cueza a fuego lento con la sartén tapada durante 20 minutos, removiendo de vez en cuando. Espolvoree con la guindilla picada y sirva el salteado en una fuente caliente. Acompañe con arroz blanco.

pollo asado
con acelgas gratinadas

6 · 30 min · 1h

Ingredientes:

1 pollo de corral despojado (reservando hígado y molleja) y bridado
6 cebollas
1 diente de ajo
1 manojito de tomillo limonero
2,5 litros de caldo de ave
3 cucharadas de aceite de oliva
Sal
10 granos de pimienta negra

Para el acompañamiento:

1 kg de acelgas
El zumo de 1 limón
1 chalota
100 g de queso manchego tierno
30 g de mantequilla
4 cucharadas de aceite de oliva
200 ml de nata líquida
Sal
Pimienta negra

truco **¡H!**

El gratinado puede hacerse con cualquier verdura: endivias, patatas, apio, hinojo, coliflor, calabacines, etcétera.

LAVE las acelgas, escúrralas y separe las hojas de las pencas. Corte éstas en trozos de 5 cm y cuézalas entre 8 y 10 minutos en agua salada abundante con el zumo de limón. Escurra y deje enfriar.

CORTE las hojas en juliana y dórelas durante 1 minuto en una sartén antiadherente con 2 cucharadas de aceite. Sazone con sal y pimienta recién molida, añada la mitad de la nata y 20 g de queso y retire del fuego.

VIERTA en el fondo de una fuente de horno, reparta por encima las pencas cocidas y el resto de queso, rocíe con 2 cucharadas de aceite y reserve hasta el momento de gratinar tapado con papel de aluminio.

LLEVE a ebullición el caldo en una cazuela donde quepa el pollo. Añada el ajo sin pelar, los granos de pimienta, la chalota pelada y lavada, el hígado y la molleja y sazone con sal. Incorpore el pollo y cueza a fuego bajo durante 10 minutos. Escúrralo y deje reposar unos minutos. Proteja el tercio inferior de los muslos con papel de aluminio y precaliente el horno a 220°.

RETIRE la piel a las cebollas, lávelas y córtelas en cuartos. Colóquelas en una fuente de horno con 3 cucharadas de aceite junto con el pollo y hornee a 220° durante 35 minutos, dando la vuelta al pollo a mitad de cocción. Retire del horno y suba la temperatura al máximo.

GRATINE la fuente de acelgas y queso, sin papel de aluminio, durante 4 minutos a temperatura máxima. Aproveche, mientras tanto, para trocear el pollo y sirva todo antes de que se enfríe.

pollo empanado
con cacahuetes

6 | 20 min | 20 min

Ingredientes:

1 pollo de corral troceado (2 muslos, 2 contramuslos, 2 alas y 2 pechugas partidas en 3 cada una) y sin piel
250 g de cacahuetes pelados
200 g de pan rallado
200 g de queso parmesano rallado
4 huevos
Aceite de oliva para freír
Sal
Pimienta negra

truco **¡H!**

Dore los trozos de pollo con el aceite bien caliente para que la fritura sea rápida y el aceite no penetre en el interior del pollo. Escurra sobre papel absorbente antes de hornearlos para eliminar el exceso de grasa.

TRITURE bien finos los cacahuetes y échelos en un bol junto con el pan y el queso rallados. Mezcle bien con una cuchara y vierta en una fuente redonda.
BATA los huevos como para tortilla y sazone con sal. Sazone con sal y pimienta recién molida los trozos de pollo y reboce cada uno por este orden: huevo batido, la mezcla rallada, huevo batido y la mezcla rallada de nuevo. Precaliente el horno a 180°.
CALIENTE abundante aceite en una sartén y dore los trozos de pollo a fuego vivo, por tandas y sin amontonar en la sartén. Deposite los trozos en una fuente de horno a medida que se vayan dorando.
HORNEE a 180° durante 10 minutos y sirva acompañado con rodajas de lima y ketchup para los niños.

entre an
& ave

igos

atadillos de pularda

6 | 30 min | 1h

Ingredientes para la pularda:

1 pularda (despojada, deshuesada y troceada)
8 zanahorias
1/2 col verde
6 puerros
6 nabos
6 patatas medianas

Para el caldo

La carcasa y los huesos de la pularda
3 litros de agua
1 cebolla
2 zanahorias
1 puerro
2 ramas de apio
1 manojito de perejil
1 hoja de laurel
7 granos de pimienta negra
1 puñadito de sal gorda
2 cubitos de caldo concentrado de ave
Pimienta negra

Material necesario:

Hilo de bramante

truco ¡H!

Puede cocer los paquetitos de pularda sumergiéndolos en el caldo si no dispone de una cuchara de madera suficientemente larga. Puede acompañar este plato con un cuenco de arroz blanco.

EL CALDO: Pele las verduras del caldo, lávelas y córtelas en trozos grandes. Eche en una cazuela grande los huesos y la carcasa y tuéstelos en seco durante 3 minutos. Añada las verduras, las hierbas, la sal gorda, los calditos y los granos de pimienta. Cubra de agua, lleve a ebullición y cueza a fuego lento durante 30 minutos.

LA PULARDA: Pele y lave las zanahorias, las patatas, los nabos, el apio, la col y los puerros. Corte en 2 las patatas, las zanahorias y el apio en dados, los nabos en cuartos y deje enteros los puerros. Pase por el chino el caldo preparado y cueza en él las zanahorias, los nabos, el apio y los puerros. Cueza en otra cazuela con agua salada las patatas y la col y reserve todas las verduras al calor con un poco de caldo. Reserve el resto de caldo.

ATE los trozos de pularda con hilo de bramante dejando unos cabos de 15 cm de hilo en cada paquetito. Ponga a cocer en una cazuela grande el caldo a fuego lento. Coloque una cuchara de madera sobre los bordes de la cazuela y ate a la cuchara los trozos de pularda procurando que queden totalmente sumergidos en el caldo.

CUEZA según el gusto de cada uno. Reparta el caldo y las verduras en platos hondos y disponga en el medio los trozos de pularda. Sazone con sal y pimienta negra recién molida y sirva enseguida.

rollitos **de confit de oca**

6 | 25 min | 30 min

Ingredientes para los envueltos:

40 g de fideos de soja

2 alas de oca en confit

1/2 cucharadita de carne de pimiento choricero

1 manojito de cilantro

1 cebolleta

1 pepino

2 zanahorias

20 obleas de arroz de 15 cm de diámetro

2 pak-choï (col china)

30 g de harina

Aceite de oliva para freír

Para la salsa de mango:

1 mango grande

2 limas

1 cucharadita de jengibre rallado

truco **¡H!**

Al rellenar las obleas, ponga muy poca cantidad de cada ingrediente para que queden bien selladas. Realice la maniobra con las manos ligeramente humedecidas. Si no encuentra alas de oca confitadas, utilice confit de pato.

PONGA en remojo en agua caliente durante 15 minutos los fideos de soja. Escúrralos y córtelos en trozos de 8 cm. Retire la piel a las alas de oca, desmenuce con las manos y eche en un bol los trozos. Añada la carne de pimiento choricero, la mitad del cilantro picado y la cebolleta picada.

PELE las zanahorias, córtelas en bastoncitos de 8 cm de largo y escáldelos durante 1 minuto en agua hirviendo. Escurra y deje enfriar. Pele, lave y seque el pepino y córtelo en bastoncitos del mismo tamaño

LLENE una fuente de bordes altos con agua caliente y ponga en remojo las obleas de arroz. Coloque una sobre un paño de algodón y ponga en el centro unas hojas de cilantro, encima unos fideos de soja y unos bastoncitos de pepino y zanahoria y culmine con un poco de la mezcla del confit.

ENROLLE la oblea envolviendo el relleno y moje el borde con la harina mezclada con 4 cucharadas de agua para que quede bien sellada. Repita la operación con el resto de las obleas.

LA SALSA DE MANGO: Triture en la batidora la pulpa del mango con el zumo de las 2 limas, el jengibre y 1 cucharada de agua fría.

ESCALDE durante 15 segundos las hojas de col china en abundante agua salada. Enfríelas en agua con hielo y séquelas bien.

CALIENTE abundante aceite en una sartén y dore los rollitos por tandas, sin amontonar. Escúrralos sobre papel absorbente y sírvalos con las hojas de col china y la salsa de mango.

terrina de gallina
en gelatina de estragón

6 | 25 min | 2h30 min

Ingredientes:

1 gallina joven despojada y bridada por el pollero
4 zanahorias
4 dientes de ajo
4 puerros
1 chalota
1 cebolla
1 pata de ternera (cortada en 2 con su hueso)
500 ml de vino blanco
200 g de higaditos de pollo
1 manojo generoso de estragón
Sal gorda
1 cucharadita de granos de pimienta negra
2 clavos de olor

truco iH!

Estas terrinas pueden conservarse varios días en el frigorífico. Son ideales para un bufé frío o un gran picnic en familia.

PELE las zanahorias y los puerros y lávelos. Pele la chalota y la cebolla y pinche en ésta los clavos. Pele los dientes de ajo y lave bien la pata de ternera. Eche en una cazuela grande las verduras, la pata de ternera y la gallina.

AÑADA el vino y cubra con agua. Incorpore la mitad del estragón, 3 cucharadas de sal gorda y los granos de pimienta. Tape, lleve a ebullición y cueza al mínimo fuego durante 2 horas y 15 minutos. Incorpore los higaditos y cueza 15 minutos más.

SAQUE la gallina del caldo, retire la piel y los huesos y desmenuce en trozos grandes. Corte los higaditos en trozos del mismo tamaño y las zanahorias en rodajas.

VUELVA a poner al fuego el caldo hasta que se reduzca a la mitad y pase por una estameña. Coloque unas hojas de estragón en el fondo de las terrinas, reparta los trozos de gallina, de higaditos y de zanahoria y cubra con el caldo. Deje enfriar y meta al frigorífico durante 24 horas. Sirva directamente en terrina.

brochetas de pollo

4 | 20 min | 35 min

Ingredientes:

400 g de pechuga de pollo
500 g de zanahorias
2 pomelos
5 cucharadas de aceite de oliva
1 cucharada de semillas de cominos
2 cucharadas de salsa de soja
1 diente de ajo
unas gotas de tabasco
10 g de azúcar glas
Sal
Pimienta negra

Material necesario:

8 brochetas de madera

RETIRE la piel a 1 pomelo, sin parte blanca, y córtela en juliana fina. Eche en un bol la mitad del zumo de los pomelos, la salsa de soja, unas gotas de Tabasco, el diente de ajo pelado y muy picado y una pizca de pimienta recién molida.

CORTE el pollo en dados de 2 cm e incorpore a la marinada preparada. Mezcle bien y reserve 1 hora en el frigorífico.

PELE las zanahorias y córtelas en rodajas finas. Dórelas durante 3 minutos en una sartén antiadherente con 2 cucharadas de aceite. Incorpore el resto del zumo de pomelo, los cominos, una pizca de sal y el azúcar y cueza a fuego lento durante 12 minutos más, removiendo de vez en cuando.

SUMERJA la juliana de piel de pomelo en un cazo con agua hirviendo. Cueza durante 2 minutos, escurra y vierta en un bol con agua helada. Ponga el cazo de nuevo al fuego con agua limpia. Al hervir, sumerja los bastoncitos y cueza 5 minutos más. Escurra y reserve.

ENSARTE los dados de pollo en las brochetas y ponga una sartén antiadherente al fuego con 3 cucharadas de aceite. Dore las brochetas por todos sus lados, añada el caldo de la marinada y la juliana de pomelo blanqueada, lleve a ebullición, retire del fuego y sirva inmediatamente.

truco **¡H!**

También puede hacer en la barbacoa estas brochetas, con el caldo de la marinada cocido y servido en una salserita.

trío de albondiguillas
de pollo

8 | 30 min | 20 min

Ingredientes para las albondiguillas:

1 kg de pechuga de pollo
400 g de magro de cerdo
3 huevos
1 cucharada de curry en polvo
2 cucharadas de cúrcuma
1 cucharada de pimentón
1/2 guindilla picada (sin semillas)
1 pimiento rojo
250 g de espinacas
1 manojo de perejil
Aceite de oliva para freír
Sal
Pimienta negra

Para las salsas:

2 yogures griegos
2 cucharadas de aceite de oliva
1 cucharadita de salsa de soja
2 cucharadas de pesto de albahaca
8 ramitos de menta fresca
1 limón

truco ¡H!

Sirve como aperitivo o como segundo plato, acompañado de una buena ensalada.

LAS ALBONDIGUILLAS: Pique por separado la carne de pollo y la de cerdo. Mézclelas en un bol, sazone con sal y pimienta recién molida y divida esta farsa en 3 partes. Póngalas en 3 boles y eche 1 yema de huevo en cada uno.

LAVE el pimiento, retire el tallo y las semillas y córtelo en dados pequeños. Lave y escurra las espinacas, retire los tallos y píquelas junto con las hojas de perejil.

INCORPORE al primer bol de farsa el curry y la cúrcuma, al segundo el pimentón y la guindilla y al tercero las espinacas con el perejil. Sazone los 3 con sal y pimienta recién molida y mezcle bien cada uno.

ENHARÍNESE ligeramente las manos y forme pequeñas bolas de 3 cm de diámetro con las 3 farsas. Dórelas en una sartén antiadherente con abundante aceite bien caliente, escúrralas sobre papel absorbente y reserve al calor.

LAS SALSAS: Retire los tallos a la menta, corte las hojas en juliana y mezcle con el yogur. Emulsione el aceite con la salsa de soja. Mezcle el pesto con el zumo de limón. Reparta en 3 pequeñas salseras y sirva con las albondiguillas bien calientes.

ACOMPAÑE con láminas de calabacín rellenas, como un bocadillo, de rúcola, verdolaga o espinacas. Páselas por harina y huevo batido y dórelas en aceite bien caliente.

brochetas de pato
con salsa de piña

6 | 30 min | 20 min

Ingredientes para las brochetas:

3 magrets de pato
3 naranjas
3 cucharadas de miel de acacia
1 cucharada de vinagre de arroz
2 cucharadas de salsa de soja
1 cucharadita de pimienta negra recién molida
1 pizca de sal
1 pizca de semillas de cilantro
1 pizca de semillas de hinojo
1 pizca de anís verde
1 pizca de canela molida
2 clavos de olor molidos
2 cucharadas de aceite de oliva
1 manojito de menta fresca

Para la salsa:

200 g de piña fresca
100 g de azúcar glas
2 naranjas sanguinas
1 cucharada de vinagre de arroz
2 pimientos morrones
1 cucharadita de sal

Para las crepes:

3 cucharadas de preparado vietnamita para crêpes (en tiendas de comida asiática)
300 ml de leche
Sal
Grasa de pato

truco ¡H!

Puede variar el sabor sustituyendo la grasa de pato por aceite de cacahuete o un taquito de tocino de cerdo ibérico al hacer las crêpes.

CORTE los magrets en dados y échelos en una ensaladera. Exprima las naranjas y eche el zumo en un bol con la miel. Añada el vinagre de arroz, la soja y las especias y mezcle bien. Vierta en una cacerola, lleve a ebullición y cueza durante 4 minutos a fuego medio. Deje enfriar, bañe con esta marinada los dados de magret y reserve 1 hora en el frigorífico.

LA SALSA: Trocee en dados pequeños la pulpa de piña y los pimientos. Exprima las naranjas y eche el zumo en una cazuela junto con el azúcar, el vinagre y la sal. Lleve a ebullición y cueza hasta obtener consistencia de almíbar. Deje enfriar.

PRECALIENTE el horno a 210°. Ensarte los dados de pato en las brochetas y deposítelas en una fuente de horno engrasada con un hilo de aceite. Ase las brochetas al horno a 210° durante 10 minutos, dando la vuelta a mitad de cocción. La piel debe quedar crujiente.

LAS CRÊPES: Mezcle los polvos con la leche, la sal y 500 ml de agua. Ponga al fuego una sartén con una pizca de grasa de pato. Cuando se caliente vierta la pasta preparada a pequeñas cucharadas, cuézalas unos segundos, retire y reserve. Sirva las brochetas rociadas con un poco de salsa y acompañe con las crêpes. Decore con hojitas de menta y sirva aparte el resto de la salsa.

hilas de confit de pato
con verduras de invierno

4 | 20 min | 25 min

Ingredientes:

500 g de confit de pato
2 patatas grandes
250 g de apio-nabo
2 nabos grandes
250 g de calabaza
500 ml de caldo de verduras
1 rama de apio con sus hojas
1 zanahoria
Sal
Pimienta negra

truco ¡H!

Puede acompañar el plato con una salsa hecha con tomates cereza partidos en cuartos, cebolleta y apio y salteada 5 minutos.

ESCURRA los trozos de confit y échelos en una sartén antiadherente. Caliente a fuego medio hasta que toda la grasa se funda y reserve. Pele las patatas, los nabos, el apio-nabo y la calabaza y corte todo en lonchas de 0,5 cm de espesor. Lave el apio, retire los hilos y corte en juliana junto con las hojas. Pele la zanahoria y córtela en láminas de 4 mm.
LLEVE a ebullición en una cazuela el caldo. Sumerja las láminas de zanahoria durante 3 minutos y retire con un colador. Eche en el caldo las rodajas de patata y deje cocer 5 minutos. Incorpore las lonchas de apio-nabo, calabaza y nabo y cueza 8 minutos más, hasta que estén tiernas.
RETIRE la piel del confit, extraiga la carne y échela en una ensaladera. Añada la juliana de apio y mezcle. Precaliente el horno a 180°. Engrase con un hilo de aceite una bandeja de horno y coloque de abajo arriba, por este orden: 2 rodajas de patata, 1 capa de 1 cm de confit deshilachado, 2 lonchas de apio-nabo, más confit, lonchas de calabaza, confit y termine con lonchas de nabo. Repita la operación hasta formar 4 raciones.
HORNEE a 180° entre 10 y 12 minutos tapado con una hoja de papel de aluminio. Sirva bien caliente.

cocido de pollo al vapor

6 | 20 min | 1h30 min

Ingredientes para el caldo:
1 pollo troceado y su carcasa
1 cebolla
2 dientes de ajo
20 g de jengibre
2 clavos de olor
1 cucharadita de semillas de cilantro
1 manojito de perejil
1 rama de apio
1 cucharadita de sal gorda

Para la guarnición:
3 puerros
6 nabos pequeños
2 ramas de apio
1/2 apio-nabo
200 g de hojas de acelga
1 limón

Para la salsa:
3 cucharadas de mostaza
3 cucharadas de nata
1 huevo
1 limón
1 manojito de perejil
5 tallos de cebollino
1 ramita de cilantro
Sal
Pimienta negra

Para servir el caldo:
200 g de pasta para sopa
1 cucharada de perejil picado
1 ramito de perifollo
5 tallos de cebollino
Sal
Pimienta negra

EL CALDO: Salvo las pechugas deshuesadas y los muslos, ponga el resto del pollo troceado en una cazuela. Añada el jengibre cortado en lonchas, las especias, los ajos pelados, una pizca de sal y 1 litro y medio de agua. Lleve a ebullición y cueza a fuego lento durante 1 hora y media echando los muslos a los 45 minutos de cocción.

LA GUARNICIÓN: Pele, lave y corte los puerros en trozos grandes. Lave el apio, corte el tallo en bastoncitos y las hojas en juliana. Pele los nabos y pártalos al medio. Pele el apio-nabo, córtelo en rodajas de 1 cm y rocíe con el zumo de limón.

CUANDO el caldo lleve 1 hora de cocción, coloque encima el cesto de la vaporera con los nabos, las lonchas de apio-nabo y las pechugas de pollo troceadas y cueza 10 minutos. Añada al cesto los puerros y los bastoncitos de apio y cueza 15 minutos más. Lave y seque bien las hojas de acelga.

DESHUESE los muslos de pollo, pique la carne y échela en un bol. Añada las hojas de apio y de perejil y mezcle bien. Rellene con esta farsa las hojas de acelga y depositelas en el cesto de la vaporera 5 minutos antes de finalizar la cocción.

LA SALSA: Lave y seque las hojas de perejil y cilantro y pique junto con el cebollino. Exprima el limón y eche el zumo en un bol. Incorpore la yema de huevo y la mostaza. Mezcle bien y vierta en un cazo. Póngalo a fuego mínimo, añada 50 ml de caldo hirviendo e incorpore la nata, poco a poco, batiendo con varillas. Espolvoree con las hierbas, sazone con sal y pimienta recién molida y mantenga a fuego bajo, sin que llegue a hervir.

RESERVE al calor el contenido del cesto de la vaporera y cuele el caldo. Échelo en una cazuela con el perejil, el cebollino y el perifollo y lleve a ebullición. Vierta la pasta de su elección y cueza el tiempo necesario. Reparta la sopa en boles al lado de las verduras y el pollo, y sirva la salsa aparte.

filetes de pollo laqueados a la lima con tabulé de quinoa

4 | 35 min | 30 min

Ingredientes:

4 filetes de pollo
100 g de quinoa
200 ml de caldo de ave
1/2 cebolla roja
10 rabanitos
8 tomates cereza
1 manojito de cilantro
1 manojito de perejil
1/2 limón
3 cucharadas de aceite de oliva
Sal
Pimienta negra

Para la salsa:

100 ml de caldo de ternera (o de ave)
20 g de miel
1 lima
1 cucharada de salsa de soja
Sal
Pimienta negra

truco ¡H!

Puede sustituir la quinoa por cuscús, siguiendo el tiempo de cocción que se indique en el paquete.

EL TABULÉ: Lleve a ebullición el caldo de ave. Eche la quinoa y cueza a fuego lento durante 20 minutos. Retire del fuego, tape la cazuela y deje reposar 5 minutos. Escurra y deje enfriar del todo.
Añada la cebolla en juliana fina, los tomates en cuartos y los rabanitos cortados en finas láminas. Incorpore el cilantro y el perejil picados, el zumo de 1/2 limón y 2 cucharadas de aceite de oliva y sazone con sal y pimienta recién molida.
LA SALSA: Vierta la miel en una cazuela junto con el caldo de ternera (o de ave). Caliente a fuego medio hasta reducir a la mitad de su volumen y añada la salsa de soja. Retire la piel a la lima, sin la parte blanca, y córtela en juliana fina. Blanquee las tiras en agua hirviendo durante 2 minutos. Escúrralas y échelas en la salsa junto con unas gotas de zumo de lima. Sazone con sal y pimienta recién molida y reserve.
LA CARNE: Dore los filetes de pollo en una sartén antiadherente con 1 cucharada de aceite a fuego bajo durante 3 minutos por cada lado. Retire del fuego y deposite los filetes en una fuente honda. Bañe con la salsa y deje marinar 20 minutos. Coloque 1 filete en cada plato. Acompañe con el tabulé de quinoa en una pequeña ensaladera y la salsa aparte en una tacita. Decore los filetes con tiras de piel de lima y rabanitos y sirva.

tartar de **pechuga de pollo de corral**

6 | 40 min | 10 min

Ingredientes para el pollo:

900 g de pechugas de pollo de corral
10 pepinillos
3 cebolletas
6 gotas de tabasco verde
2 cucharadas de perejil picado
10 flores de calabacín
3 limones
2 cucharadas de mayonesa ligera
100 ml de aceite de oliva virgen
Sal gorda
Flor de sal
Pimienta blanca

Para la guarnición:

12 calabacines baby verdes
12 calabacines baby amarillos
18 flores de calabacín
100 g de harina de tempura
2 cucharadas de aceite de oliva
1 limón
Aceite de oliva para freír
Flor de sal
Pimienta negra

truco ¡H!

Si no encuentra flores de calabacín, utilice rodajas de calabacín y rebócelas en la misma pasta de tempura.

EL TARTAR: Lleve a ebullición en una cazuela 1 litro de agua. Añada el zumo de 2 limones y una cucharadita de sal gorda y sumerja las pechugas de pollo. Cueza a fuego medio durante 10 minutos. Retire del fuego, escurra las pechugas y deje enfriar.

PIQUE la carne en dados pequeños y eche en una ensaladera grande con el zumo del limón restante, el tabasco y el aceite de oliva. Pele y lave las cebolletas (con 3 cm de parte verde) y píquelas en daditos junto con los pepinillos.

AÑADA cebolletas, pepinillos y perejil picado a la ensaladera junto con la mayonesa. Sazone con flor de sal y pimienta blanca recién molida, mezcle todo bien, tape con papel filme y reserve en el frigorífico.

LA GUARNICIÓN: Lave y seque los calabacines y haga cortes longitudinales sin llegar al tallo, de manera que se puedan abrir como un abanico. Échelos en un bol, rocíe con aceite de oliva, sazone con flor de sal y reserve.

PREPARE la pasta de tempura y ponga a calentar el aceite para freír.

RETIRE los pistilos a las flores de calabacín, sumérjalas en la pasta, escurra el exceso de ésta y dórelas en el aceite bien caliente. Deposite sobre papel absorbente, sazone con flor de sal y pimienta negra recién molida y reserve al calor.

REPARTA el tartar en 6 platos con la ayuda de un aro de pastelería y acompañe con los abanicos de calabacín y sus flores en tempura.

magret de pato
con verduras salteadas en wok

4 | 15 min | 10 min

Ingredientes:

2 magrets de pato
400 g de tirabeques
200 g de judías verdes redondas
250 g de brotes de soja
4 cebollitas francesas
20 g de jengibre fresco
1 cucharada de semillas de sésamo
1 cucharada de salsa de soja
Sal
Pimienta negra

truco ¡H!

Si no tiene wok, utilice una sartén antiadherente de bordes altos.

LAVE los brotes de soja, las judías verdes y los tirabeques y trocee éstos. Sumerja las 3 verduras durante 2 minutos en agua hirviendo. Escurra y seque bien. Pele el jengibre y córtelo en bastoncitos finos. Pele las cebollitas, lávelas y córtelas en juliana.

CORTE los magrets en lonchas de 0,5 cm y sazone con sal y pimienta recién molida. Ponga el wok a fuego vivo y saltee las lonchas de magret durante 3 minutos. Retire la carne del wok y reserve.

ECHE en el wok las cebollitas en juliana y los bastoncitos de jengibre y saltee durante 2 minutos a fuego moderado. Añada el resto de verduras y la salsa de soja y saltee 3 minutos más sin parar de remover.

INCORPORE las lonchas de magret, espolvoree con las semillas de sésamo, saltee todo junto 1 minuto más y sirva enseguida.

magret de pato
con uvas
y confitura de vino blanco

4 | 35 min | 55 min

Ingredientes:

2 magrets de pato
500 g de uvas
10 bayas de enebro
1 cucharadita de pimienta 5 bayas
100 g de confitura de vino blanco (opcional)
250 ml de moscatel blanco
5 hojitas de salvia
1 cucharada de azúcar
Sal
Pimienta negra

truco **¡H!**

La confitura de vino se encuentra fácilmente en tiendas gourmet. Deje reposar los magrets tapados con papel de cocina una vez cocinados, para que no se evaporen sus jugos.

PELE las uvas y ponga la mitad en una cazuela con las bayas de enebro, la confitura de vino, la salvia, el azúcar, 250 ml de agua, el vino y la pimienta 5 bayas. Cueza a fuego lento durante 40 minutos hasta obtener textura de almíbar denso. Pase por el chino, vuelva a poner en una cazuela y añada las uvas restantes.

HAGA unos cortes con la punta del cuchillo en la piel de los magrets sin llegar a la carne. Ponga a fuego medio una sartén antiadherente. Coloque en ella los magrets por el lado de la piel y deje que se hagan 8 minutos. Deles la vuelta y cocínelos 5 minutos por el lado de la carne. O más si lo desea.

TERMINE los magrets asándolos 1 minuto a fuego vivo por el lado de la piel. Deje reposar unos minutos, corte en lonchas y coloque en una fuente. Caliente la salsa 2 minutos, vierta sobre las lonchas y sirva.

mousse de ave
y gambas

6 | 20 min | 45 min

Ingredientes para la mousse de ave:

500 g de pechuga de pollo
200 g de gambas cocidas y peladas
3 claras de huevo
200 ml de nata líquida
2 chalotas
1 ramita de cilantro
2 cucharadas de perejil picado
1 cucharadita de pimienta 5 bayas
6 gotas de tabasco verde
Sal
Pimienta negra
30 chips de gambas (en tiendas asiáticas de alimentación)
2 cucharadas de aceite de oliva

Para la salsa:

5 cucharadas de mayonesa
1 cucharada de nata líquida
1 cucharadita de mostaza

Material necesario:

1 molde de medio punto que pueda ir al horno (o un molde grande de flan)

PELE, lave y corte en juliana las chalotas. Póchelas en una sartén antiadherente con el aceite y reserve. Lave, seque y pique las hojas de cilantro y mezcle con el perejil.

CORTE las pechugas de pollo en dados grandes y échelas en el vaso de la batidora junto con las gambas, una clara de huevo y la nata. Sazone con sal y pimienta recién molida, añada el Tabasco y triture.

MONTE las claras restantes a punto de nieve firme. Incorpore delicadamente a la preparación anterior junto con las chalotas pochadas, la mezcla de 5 pimientas y las hierbas picadas.

PRECALIENTE el horno a 180°. Engrase con un hilo de aceite el molde y vierta en su interior el batido preparado. Alise la superficie con una espátula y cueza al horno al baño María durante 45 minutos. Deje enfriar antes de desmoldar y reserve en el frigorífico.

SIRVA la mousse acompañada de los chips de gambas. Mezcle la mayonesa con la mostaza y la nata y sirva aparte en salsera.

truco ¡H!

Acompañe esta mousse con una ensalada de lechugas variadas.

día de fies
& ave

ta

hojaldres
de pollo con verduras

4 | 10 min | 18 min

Ingredientes:

4 láminas cuadradas de hojaldre
250 g de pechuga de pollo
1 calabacín
200 g de zanahorias
100 g de tirabeques
2 cucharadas de aceite de oliva
1 manojito de cilantro
1/2 guindilla
200 ml de caldo de ave
1 yema de huevo
Sal
Pimienta negra

Material necesario:

1 lámina de silicona (o papel sulfurizado)

truco **¡H!**

Si no encuentra tirabeques, sustitúyalos por judías verdes cortadas en juliana.

CORTE los cuadrados de hojaldre en 2 rectángulos y coloque uno sobre otro para formar 4 láminas rectangulares dobles. En cada una de ellas, con la punta de un cuchillo, corte 1 rectángulo a 1,5 cm de los bordes, teniendo en cuenta que ha de ser del grosor de la capa superior. Levante el nuevo rectángulo, repita la operación con el resto de láminas dobles y meta todo al congelador durante 15 minutos. Precaliente el horno a 220°.

COLOQUE la lámina de silicona sobre la bandeja de horno. Ponga encima los rectángulos y úntelos con la yema batida ayudándose con una brocha. Hornee durante 8 ó 10 minutos a 220° hasta que el hojaldre suba y se dore.
Retire del horno y reserve al calor.

LAVE los tirabeques, trocéelos y cuézalos durante 5 minutos en agua salada hirviendo. Escurra, vierta en un bol con agua helada y escurra de nuevo.
Pele las zanahorias y lave los calabacines. Corte la pechuga de pollo en daditos, el calabacín en bastoncitos y las zanahorias en tiras finas.

PONGA al fuego una sartén antiadherente con el aceite y dore a fuego vivo los dados de pollo. Sazone con sal, pimienta y guindilla picada y mezcle bien. Añada el caldo y continúe la cocción durante 5 minutos, removiendo de vez en cuando. Incorpore las tiras de zanahoria y calabacín, pruebe de sal y cueza 3 minutos más. Añada los tirabeques y el cilantro picado, menos unas ramitas para decorar, mezcle y retire del fuego.

RELLENE los hojaldres horneados con la preparación, espolvoree con una pizca de pimienta negra, decore con los ramitos de cilantro y acompañe cada uno con la lámina de hojaldre extraída.

cazuela de pichón
con infusión de hojas de limonero

4 | 15 min | 2h

Ingredientes:

4 pichones
1 col verde rizada
120 g de foie-gras de pato
10 hojas de limonero
1 zanahoria
1 cebolla
1 diente de ajo
1/2 rama de apio
1 manojito de perejil
1 hoja de laurel
1 ramita de tomillo
1 ramita de perifollo
2 cucharadas de aceite de oliva
Sal
Pimienta recién molida

Para el acompañamiento:

2 cebolletas
2 zanahorias

PIDA a su proveedor que extraiga las pechugas y separe alas y muslos de los pichones. Golpee la carcasa con un mazo y sepárela en trozos.
Pele la cebolla, la zanahoria y el ajo, retire los hilos al apio y corte todo en daditos.

PONGA una cazuela al fuego con el aceite y dore las carcasas con los daditos de verduras. Cubra con agua, lleve a ebullición, añada perejil, laurel y tomillo y cueza a fuego lento durante 1 hora y cuarto, desespumando y añadiendo agua si fuera necesario.

PELE, lave y trocee las cebolletas y zanahorias del acompañamiento. Lave y trocee los tirabeques. Escalde 8 hojas tiernas de col verde durante 4 minutos en agua salada hirviendo. Escurra sobre papel absorbente. Cueza al vapor las verduras de la guarnición durante 7 minutos y reserve al calor.

ECHE en una cazuela tres cacillos del caldo colado. Lleve a ebullición, incorpore muslos y alas y cueza a fuego lento durante 25 minutos.

RETIRE la parte más dura a las hojas de col, sazone con sal y pimienta las pechugas e imprégnelas con el foie-gras. Envuelva cada una en una hoja de col y cueza al vapor estos pequeños envueltos durante 8 minutos.

PASE por el chino el caldo, vuelva a poner en una cazuela y lleve de nuevo a ebullición.
Sumerja 4 hojas de limonero, retire del fuego, tape y deje en infusión durante 2 minutos.

REPARTA en 4 platos hondos las hojas de col rellenas, los muslos y las alas y acompañe con las verduras cocidas al vapor. Bañe con la infusión de hojas de limonero y decore con las hojas restantes y el perifollo.

membrillos especiados **con magret de pato**

4 | 20 min | 50 min

Ingredientes:

2 magrets de pato de 350 g cada uno
3 membrillos grandes y carnosos
150 g de cebollitas francesas
3 cucharadas de grasa de pato
2 cucharadas de miel de madroño
1 naranja
1 cucharadita de pimienta de Sichuán (opcional)
1 cucharadita de semillas de cilantro
2 clavos de olor
Sal
Pimienta negra

truco ¡H!

Si no encuentra miel de madroño, la puede sustituir por otra miel a su gusto.

CORTE los membrillos en 2 y póngalos en una cazuela con agua que los cubra. Añada una pizca de sal, lleve a ebullición y cueza a fuego medio durante 15 minutos. Corte la piel de la naranja, sin partes blancas, en tiras finas; extraiga el zumo y reserve.

PELE los membrillos y retire la parte leñosa del centro. Reserve 4 medios membrillos enteros y corte el resto en dados de 2 cm de lado. Funda la grasa de pato en una sartén al fuego, incorpore la miel y los medios membrillos, espolvoree con pimienta recién molida y cueza durante 10 minutos a fuego lento, removiendo de vez en cuando. Retire y reserve al calor cuando estén cocidos y tiernos.

PELE, lave y corte las cebollitas en juliana. Póchelas en la misma sartén con las tiras de piel de naranja durante 2 minutos. Añada el zumo, los dados de membrillo y las especias y cueza durante 10 minutos. Reparta en el hueco de los medios membrillos.

HAGA unos cortes en la piel de los magrets y sazone con sal y pimienta el lado de la carne. Ponga una sartén antiadherente a fuego medio y pose los magrets con el lado de la piel hacia abajo. Deje que se hagan durante 8 minutos. Retire de la sartén el exceso de grasa y dé la vuelta a las pechugas. Cocine durante 4 minutos por el lado de la carne, retire el exceso de grasa, apague el fuego, tape la sartén y deje reposar 15 minutos.

TROCEE los magrets en lonchas finas, acompañe con los membrillos rellenos y sirva enseguida.

magret de pato
a la naranja

Comensales	4	Preparación	10 min	Cocción	14 min		

Ingredientes:

2 magrets de pato

2 naranjas

2 cucharadas de vinagre de vino

1 cucharada de Cointreau®

1 cucharadita de azúcar

Sal

1 cucharadita de granos machacados de pimienta negra

Para acompañar:

Puré de apio-nabo

truco iH!

Se puede dar un fino toque oriental a la receta, acompañando el magret con puré de patata al wasabi, rábano verde picante.

RETIRE la piel de una naranja, sin partes blancas, córtela en tiras finas, extraiga el zumo y reserve. Pele a lo vivo la otra naranja, corte los gajos sin las membranas y reserve. Escalde las tiras de piel durante 2 minutos en agua hirviendo. Escurra y reserve.

HAGA unos cortes en los magrets por el lado de la piel y salpimiente por el lado de la carne. Ponga a fuego vivo una sartén antiadherente, póngalos por el lado de la piel y deje que se hagan durante 6 minutos, o más si se desea.

QUITE de la sartén la grasa generada, dé la vuelta a los magrets y cocine por el lado de la carne 4 minutos más. Retire la carne de la sartén, tape y reserve al calor.

ECHE el vinagre en un cazo, póngalo al fuego y deje evaporar durante 1 minuto. Añada el azúcar, el Cointreau, el zumo de naranja, una pizca de sal y pimienta recién molida y cueza 2 minutos a fuego bajo. Incorpore las tiras de piel de naranja, mezcle bien y retire del fuego.

CORTE la carne en lonchas finas y coloque en los platos. Rocíe con la salsa y acompañe con los gajos pelados de naranja y puré de apio-nabo.

pollo relleno de tres quesos

6 | 30 min | 1h20 min

Ingredientes:

1 pollo de 1 kg y medio
150 g de queso fresco de cabra
50 g de queso parmesano rallado
50 g de queso gruyer rallado
1 huevo
1 cucharada de pan rallado
6 cucharadas de aceite de oliva
1 manojito de perejil
1 ramita de perifollo
1 ramita de tomillo
Sal
Pimienta negra

Para acompañar:

150 g de cebollitas francesas
150 g de champiñones

truco **¡H!**

Puede reemplazar el queso de cabra por cualquier otro tipo de queso fresco.

PELE, lave y corte en juliana las cebollitas. Póchelas durante 5 minutos en una sartén antiadherente con 2 cucharadas de aceite. Lave y pique todas las hierbas, reservando unos ramitos de perejil para decorar.

PONGA el queso de cabra en un bol, aplástelo con un tenedor y añada los quesos rallados, el huevo, la sal, la pimienta recién molida, el pan rallado, las hierbas picadas y las cebollitas y mezcle todo bien. Precaliente el horno a 180º.

SAZONE el pollo con sal y pimienta por dentro y por fuera. Despegue con cuidado la piel de las pechugas y rellene el hueco con la farsa preparada. Deposite en una fuente de horno y rocíe con 2 cucharadas de aceite. Hornee a 180º durante 1 hora y 10 minutos, hasta que el pollo quede bien dorado.

SALTEE los champiñones con el resto del aceite, mézclelos con las cebollitas y sirva junto al pollo bien caliente.

estofado de pato
con boletus

6	15 min	3h30 min

Para el pato:

6 cuartos traseros de pato
500 g de boletus
2 cucharadas de grasa de oca
2 cucharadas de harina

Para la marinada:

750 ml de vino tinto
2 chalotas
1 rama de apio
1 cebolla
4 clavos de olor
3 zanahorias
1 manojito de perejil
1 hoja de laurel
1 ramita de tomillo
100 ml de aceite de oliva
100 ml de brandi
Sal
Pimienta

truco ¡H!

Si no encuentra boletus frescos, utilícelos deshidratados o cualquier otro tipo de setas. Acompañe este plato con puré de patatas o de chirivías.

LA VÍSPERA: Sazone con sal y pimienta recién molida los trozos de pato. Eche el aceite en un bol grande y añada las zanahorias peladas, lavadas y cortadas en cuartos; la cebolla pelada, lavada y picada; los clavos, las hierbas y los trozos de pollo. Incorpore el vino y el brandi, mezcle bien y reserve en sitio fresco.

EL MISMO DÍA: Limpie los boletus, separe los sombreros de los pies y trocee todo. Ponga a fuego medio una cazuela de base gruesa con la grasa. Escurra de la marinada los trozos de pato y eche en la cazuela. Añada la harina, mezcle con cuchara de madera y vierta por encima la marinada. Cueza a fuego lento durante 3 horas.

AÑADA las setas cuando la carne esté tierna y se depegue fácilmente de los huesos y cueza 30 minutos más. Al final de la cocción, espese la salsa a su conveniencia con un poco de Maizena® disuelta en agua fría. Pruebe la sazón de sal y pimienta y sirva enseguida.

pichón asado
al vermut blanco

2 | 15 min | 30 min

Ingredientes para el asado:

1 pichón despojado y bridado
300 g de endibias
100 g de cebollitas francesas
100 ml de vermut blanco seco
40 g de mantequilla
2 cucharadas de aceite
1 cucharada de azúcar
1 ramita de tomillo
1 diente de ajo
Sal
Pimienta negra recién molida

Para la guarnición:

125 g de arroz basmati
1/2 cucharadita de perejil picado
1/2 cucharadita de cilantro
10 tallos de cebollino
1 pizca de azafrán en polvo
20 g de mantequilla
Sal

truco ¡H!

Esta receta puede hacerse con otra ave de pequeño tamaño, como el pollo tomatero.

EL ASADO: Sazone con sal y pimienta, por dentro y por fuera, el pichón y rellénelo con el tomillo y el ajo entero con su piel. Pele, lave las cebollitas y dórelas en una cazuela durante 3 minutos con la mitad de la mantequilla y el aceite. Retire las cebollas de la cazuela y resérvelas. Precaliente el horno a 180°.

PONGA el pichón en una cazuela que pueda ir al horno y dórelo a fuego vivo por todas sus caras. Añada el vermut y continúe la cocción durante 2 minutos. Incorpore las cebollitas, tape la cazuela y meta al horno a 180° durante 20 minutos.

CORTE la base de las endibias, retire las hojas externas, lávelas y corte en forma de cruz las puntas de las hojas. Póchelas en una sartén con la mantequilla restante, espolvoree con el azúcar y cueza a fuego lento durante 20 minutos.

LA GUARNICIÓN: Funda la mantequilla en una cazuela. Eche el arroz y dórelo durante 2 minutos removiendo continuamente. Añada 250 ml de agua y el azafrán y cueza durante 15 minutos a fuego medio, removiendo de vez en cuando.

INCORPORE el perejil y el cebollino picados y mezcle bien. Sirva el pichón con las cebollitas y las endibias y acompañe con el arroz.

hamburguesitas de confit de oca sobre lecho de lentejas

6 | 25 min | 20 min

Ingredientes:

1 redaño (membrana de cordero)
3 alas de oca en confit
2 chalotas
80 g de chorizo ibérico
2 cucharadas de grasa de oca
1 manojito de perejil
1 rama de apio
1 zanahoria
150 g de shitakes (setas asiáticas)
400 g de lentejas cocidas
2 cucharadas de aceite de oliva
Sal gorda
Sal
Pimienta

truco ¡H!

Puede utilizar confit de pato. Acompañe este plato con una ensalada de berros o rúcula.

PONGA el redaño en remojo en agua fría. Retire la piel de las alas de oca y desmenuce la carne. Poche las chalotas picadas en una sartén con 1 cucharada de grasa de oca. Añada el chorizo cortado en daditos, 1 cucharada de perejil picado y mezcle con la carne de las alas. Saltee 2 minutos y reserve.
ESCURRA y seque bien el redaño. Córtelo en cuadrados de 12 x 12 cm y ponga en el centro de cada uno una porción del salteado anterior. Cubra con los vértices del redaño y aplaste ligeramente. Repita la operación con el resto de cuadrados.
PELE y lave la zanahoria y córtela en dados pequeños. Lave el apio, retire los hilos y corte de igual manera. Escalde las 2 verduras durante 1 minuto en agua salada hirviendo. Escurra y reserve.
DORE las hamburguesas por los 2 lados, teniendo la precaución de comenzar por la cara donde se juntan las puntas del redaño.
LIMPIE las setas, córtelas en cuartos y saltéelas durante 4 minutos en una sartén antiadherente con 2 cucharadas de aceite. Sazone con sal y pimienta recién molida. Caliente las lentejas en una cazuela con una cucharada de grasa de oca y añada en el último momento los dados de apio y zanahoria.
SIRVA en plato hondo las lentejas, coloque encima las hamburguesas y acompañe con las setas salteadas.

pollo de caserío
con foie y verduras

4 · 20 min · 45 min

Ingredientes para el pollo:

1 pollo de caserío troceado en octavos
12 cebollitas francesas
500 g de champiñones
300 ml de vino blanco seco
2 cucharadas de brandy
3 ramitas de tomillo
1 hoja de laurel
1 manojito de perejil
1 trufa (facultativo)
4 lonchas de foie de oca crudo (o de mi-cuit)
2 cucharadas de nata líquida
3 cucharadas de aceite de oliva
20 g de mantequilla
12 yemas de espárragos verdes
1 cucharada de azúcar
Sal
Pimienta

Para la guarnición:

4 patatas grandes
2 chalotas
1 ramito de perejil
2 huevos
Pimienta negra
Sal
Aceite de oliva para freír

EL POLLO: Limpie los champiñones y córtelos en láminas gruesas. Caliente la mantequilla con 1 cucharada de aceite en una sartén antiadherente y dore los trozos de pollo. Sazone con sal y pimienta recién molida y añada la mitad del vino y 1 cucharada de brandi. Incorpore los champiñones, 1 cucharada de nata, el laurel y el tomillo y deje cocer a fuego medio sin tapar.

PELE y lave las cebollitas. Échelas en una sartén antiadherente con el aceite restante y 1 cucharada de agua. Espolvoree con el azúcar y cocínelas hasta que adquieran tonalidad rubia y tierna y estén casi caramelizadas. Añada las yemas de espárrago y cueza durante 4 minutos más.

DESGLASE con 1 cucharada de vino blanco y vierta esta preparación en la cazuela del pollo. Mezcle todo bien e incorpore el resto del vino blanco y la trufa en láminas. Continúe la cocción 10 minutos más a fuego vivo.

LA GUARNICIÓN: Pele, lave, seque bien y ralle las patatas sobre una ensaladera grande. Pele, lave y corte en juliana las chalotas. Retire los tallos al perejil y pique las hojas, reservando unas pocas para decorar. Eche chalotas y perejil en la ensaladera junto con los huevos batidos y sazone con sal y pimienta recién molida. Remueva para que se mezclen los ingredientes y reserve.

PONGA al fuego abundante aceite en una sartén de bordes altos, y cuando esté muy caliente, eche la masa de la guarnición previamente moldeada en forma de croquetas aplastadas. Dore por los 2 lados durante 3 ó 4 minutos, dando la vuelta a mitad de cocción. Escurra sobre papel absorbente y añada al pollo.

DORE las lonchas de foie en una sartén a fuego vivo en el último momento, desglase con el resto de brandy y sazone con sal y pimienta. Reparta el pollo en los platos y ponga encima el foie.

pintada
con colinabos

4 | 25 min | 45 min

Ingredientes:

1 pintada de campo despojada, con sus menudillos
2 higaditos de pollo
250 g de queso de Burgos
2 cucharadas de perejil picado
80 g de beicon
3 chalotas
4 colinabos pequeños
1 limón
20 g de mantequilla
6 cucharadas de aceite de oliva
Sal
Pimienta negra

truco ¡H!

Con esta rica farsa puede rellenar cualquier clase de ave de corral: pavo, pollo, faisán...

PELE, lave y corte en juliana las chalotas. Corte los higaditos y la molleja en dados pequeños. Ponga al fuego una sartén antiadherente con 2 cucharadas de aceite y poche las chalotas durante 4 minutos. Retírelas y dore en la misma sartén los dados de higaditos y molleja. Échelos en un bol junto con las chalotas y el queso. Trabaje la mezcla con un tenedor. Añada una pizca de sal y el perejil y mezcle de nuevo.

RELLENE el interior de la pintada con esta farsa. Cosa las aberturas con hilo de bramante o fije con palillos. Ate la pintada para que conserve la forma.

RETIRE las hojas a los colinabos, pélelos, lávelos y córtelos en rodajas de 0,5 cm. Cuézalos durante 5 minutos en agua hirviendo con sal y el zumo de limón. Escurra y reserve.

QUITE la corteza al beicon y córtelo en bastoncitos de 4 x 0,5 cm. Sumérjalos unos segundos en agua hirviendo, retire y vierta en agua helada. Escúrralos sobre papel absorbente y séquelos bien.

SAZONE la pintada con sal y pimienta recién molida. Funda en una cazuela la mantequilla con 2 cucharadas de aceite y dore la pintada por todas sus partes durante 10 minutos. Incorpore las rodajas de colinabo y los bastoncitos de beicon, sazone con pimienta molida, rocíe con el aceite restante y cueza a fuego medio durante 35 minutos sin tapar del todo, dando la vuelta a la pintada a mitad de cocción.

TROCEE el ave, reparta en platos y acompañe con la guarnición de colinabo y beicon.

gallina rellena
guisada

6 | 20 min | 2h

Ingredientes:

1 gallina grande entera y despojada
1 zanahoria
1 rama de apio
1 manojito de perejil
1 cebolla
2 dientes de ajo
1 ramito de tomillo
2 clavos de olor
1 cucharadita de pimienta negra machacada
1 cucharadita de sal gorda

Para el relleno:

200 g de carne picada de ternera
200 g de carne picada de cerdo
50 g de pan rallado
1 cucharada de perejil picado
1 diente de ajo pelado y picado
Sal
Pimienta negra

Para la guarnición:

6 zanahorias
12 nabos pequeños
6 calabacines pequeños
250 g de judías verdes planas
300 g de patatitas
Sal gorda

Para la salsa:

150 g de espinacas
1 ramita de perejil
1 ramita de cilantro
100 ml de aceite de oliva
Flor de sal
Pimienta negra

LA GALLINA: Mezcle en un bol todos los ingredientes de la farsa y rellene el interior de la gallina. Átela para que no pierda la forma y métala en una cazuela. Cubra de agua y lleve a ebullición. Desespume y añada la cebolla pelada, lavada y con los clavos pinchados, la zanahoria pelada, lavada y cortada en dos, la rama de apio lavada, el perejil, el tomillo, los ajos pelados y partidos al medio y sazone con sal y pimienta recién molida. Lleve a ebullición, baje el fuego y cueza lentamente durante 1 hora y 40 minutos con la cazuela tapada.

LA GUARNICIÓN: Pele y lave zanahorias, nabos y patatas. Lave y trocee las judías verdes. Lave y corte en lonchas los calabacines. Ponga al fuego una cazuela con abundante agua salada hirviendo. Eche las zanahorias, las patatas y las judías verdes y cueza 5 minutos, añada los nabos y los calabacines y cueza 5 minutos más. Escurra todas las verduras, vierta en un bol con agua helada, escurra de nuevo y reserve en una cazuela.

LA SALSA: Lave las hojas de perejil y cilantro y seque bien. Lave las espinacas y échelas en una cazuela. Tape, ponga a fuego vivo durante 1 minuto y retire del fuego. Ponga las espinacas en el vaso de la batidora y añada las hojas de perejil y cilantro, 100 ml de agua, sal y pimienta recién molida. Triture hasta reducir a puré fino, vierta el aceite, vuelva a triturar 1 minuto y reserve.

PRESENTACIÓN: Retire la gallina del caldo cuando esté cocida. Desgrase el caldo y eche 2 ó 3 cacillos en la cazuela de las verduras. Ponga al fuego y caliente para que se templen las verduras. Reparta la gallina en platos con su guarnición de verduras y la salsa en salsera. Puede servir antes el caldo bien caliente en tazas de consomé.

pastel **de faisán**

4 | 45 min | 30 min

Ingredientes:

4 muslos de faisán cocidos
200 g de marron glacé
2 puerros
150 g de beicon
150 g de cebollitas francesas
400 g de masa de hojaldre preparada
2 huevos
1 cubito de caldo concentrado de ternera
3 bayas de enebro
100 g de nata líquida
1 pizca de nuez moscada
1 cucharada de aceite de oliva
20 g de mantequilla
Sal
Pimienta negra

Material necesario:

1 molde redondo de chimenea de 24 cm de diámetro

RETIRE los huesos a los muslos y corte en dados la carne. Quite la corteza al beicon y córtelo en dados pequeños. Escalde estos daditos durante 15 segundos en agua hirviendo. Retire, escurra y reserve. Pele, lave y corte en rodajas los puerros.

DORE los daditos de beicon en una sartén antiadherente con el aceite de oliva. Añada los puerros y las cebollitas, peladas y lavadas, y cueza durante 4 minutos. Retire del fuego y mezcle con la carne de faisán. Lleve a ebullición en un cazo 300 ml de agua con el cubito de caldo y reserve.

HUMEDEZCA con un poco de agua las paredes del molde. Extienda el hojaldre y forre el fondo con un disco del mismo tamaño. Corte una banda ancha de masa de la anchura de los bordes y forre éstos. Precaliente el horno a 220°.

VIERTA el relleno de faisán con las bayas de enebro machacadas y bañe con precaución con el caldo preparado. Cubra con otro disco de masa de hojaldre, presionando los bordes para sellar bien, y pincele con 1 yema de huevo.

HORNEE a 220° entre 20 y 25 minutos. Bata con varillas la nata con la yema restante. Añada sal y una pizca de nuez moscada. En el momento de servir, vierta esta crema sobre el pastel y reparta en platos.

truco **¡H!**

Este pastel también se puede hacer con restos de pollo o de pato. Si no tiene molde de chimenea, utilice uno normal.

brioche **de oca**

	8		40 min		1h	

Ingredientes:

1 oca grande (despojada, cortada en trozos con su piel y muslos, carcasa y menudillos aparte)
600 g de masa para brioche
100 g de beicon
1 col verde
2 chalotas
1 manojito de perejil
350 g de trompetas de la muerte
80 g de foie-gras de oca mi-cuit
60 g de castañas cocidas envasadas al vacío
8 cebollas rojas
200 ml de caldo de ave
50 ml de brandy
1 yema de huevo
3 cucharadas de aceite de oliva
1 cucharada de grasa de oca
1 crepe (o tortita) de trigo sarraceno
Sal
Pimienta negra

PRECALIENTE el horno a 150°. Pele y lave las cebollas. Úntelas con aceite y póngalas en una fuente de bordes altos. Añada el caldo, tape con papel de aluminio, hornee a 150° durante 45 minutos y reserve al calor.

EXTRAIGA la carne de los muslos y la carcasa y córtela en dados. Quite la corteza al beicon y córtelo en daditos. Eche en un bol con el brandy y la molleja, el corazón y el hígado picados. Sazone con sal y pimienta recién molida y ponga a marinar en el frigorífico durante 20 minutos.

PELE, lave y corte en juliana las chalotas. Póchelas durante 4 ó 5 minutos en una sartén con 1 cucharada de grasa de oca. Limpie las setas. Ponga una sartén antiadherente a fuego vivo con una cucharada de grasa de oca y saltee las trompetas hasta que suelten su jugo. Sazone con sal y pimienta, retire del fuego y trocee en dados pequeños. Lave, seque y pique el perejil. Desmenuce las castañas.
Precaliente el horno a 180°.

AÑADA al marinado las chalotas, la mitad del perejil picado, las castañas desmenuzadas y el foie-gras. Haga unos cortes a los trozos de oca por el lado de la piel y colóquelos, con ésta hacia abajo, en una fuente de horno. Sazone con sal y pimienta recién molida y hornee durante 15 minutos a 180°. Quite la piel y corte los trozos en bastones. Suba la temperatura del horno a 220°.

EXTIENDA la masa de brioche hasta formar un rectángulo de 30 x 25 cm. Ponga encima la crepe de trigo sarraceno y adáptela a la superficie del rectángulo, cortando el sobrante. Coloque la farsa preparada hasta 2 cm de los bordes, espolvoree con el perejil restante y unte los bordes limpios con yema de huevo. Envuelva el relleno con la masa, primero los lados pequeños hacia el centro y luego los lados grandes hasta sellar completamente.

DEPOSITE la brioche, con la cara sellada hacia abajo, en una lámina de silicona sobre la bandeja de horno y unte con la yema restante. Hornee a 220° durante 40 minutos. Cubra con papel de aluminio y baje la temperatura a 180°. Meta las cebollas reservadas y hornee todo junto 5 minutos más a 180°.

LAVE, seque y corte la col en tiras. Cuézala durante 8 minutos en agua salada hirviendo y escurra. Vierta en un bol con agua helada, escurra de nuevo y ponga en la misma fuente de las cebollas. Corte en rebanadas el brioche y acompañe con las verduras aparte.

pintada a las dos maneras, trufada y envuelta en col

8 | 35 min | 1h50

Ingredientes para las pintadas:
2 pintadas de 2 kg cada una, despojadas
1 trufa grande laminada
1 col pequeña
4 ramitas de brécol
4 ramitas de romanesco
2 minicoliflores
1 diente de ajo
Flor de sal
Pimienta blanca

Para la farsa:
2 morcillas blancas
150 g de beicon
300 g de champiñones
1 chalota
2 cucharadas de perejil picado
5 cucharadas de grasa de pato
20 ml de jugo de trufas

Para la salsa:
1 zanahoria
1 rama de apio
1 cebolla
1 ramita de perejil
1 hoja de laurel
1 ramita de tomillo
2 cucharadas de grasa de oca
500 ml de caldo de ave
Sal
Pimienta negra

LA SALSA: Pida a su proveedor que separe las pechugas y los muslos de las carcasas. Machaque éstas con un mazo y échelas en una cazuela con la zanahoria, la cebolla y el apio todo lavado y troceado. Añada 2 cucharadas de grasa de oca y dore durante 3 ó 4 minutos. Incorpore el caldo y las hierbas, sazone con sal y pimienta y lleve a ebullición. Cueza a fuego lento durante 40 minutos, filtre el caldo y vuelva a ponerlo en la cazuela. Cueza hasta reducir 1/3 de su volumen.

LA FARSA: Funda 5 cucharadas de grasa de pato en una cazuela, añada el diente de ajo sin pelar y los muslos. Confítelos durante 1 hora al mínimo fuego. Escurra bien, reservando la grasa retire la piel y desmenuce la carne. Limpie y pique los champiñones y la chalota. Quite la corteza al beicon y córtelo en tiras. Pique los hígados, los corazones y las mollejas de las pintadas. Quite la piel a las morcillas y córtelas en dados.

ECHE en una sartén un poco de la grasa de confitar los muslos y poche la chalota. Retire y dore las tiras de beicon junto con los menudillos picados. Retire y dore los champiñones. Vuelva a poner todo en la sartén y añada las morcillas y la carne de los muslos. Remueva bien, sazone con sal y pimienta y añada el perejil picado y el jugo de trufa.

ESCALDE durante 1 minuto en agua salada hirviendo los ramitos de brécol y romanesco. Escurra, vierta en un bol con agua helada y escurra de nuevo. Retire las hojas externas a la col y elija 8 de las más bonitas y tiernas. Escalde las hojas de igual manera que las verduras anteriores y séquelas bien con papel absorbente. Pique en juliana el resto de la col, añada a la farsa y rellene las hojas formando pequeños paquetes. Ponga el caldo a fuego mínimo y caliente los envueltos de col. Lave las minicoliflores y píquelas.

PONGA las pechugas en frío por el lado de la piel en una sartén antiadherente con 1/2 cucharada de grasa de los muslos. Dórelas a fuego bajo durante 8 minutos. Dé la vuelta y dore 2 minutos por el lado de la carne. Sazone con sal y pimienta, retire la piel y corte en 2. Haga unos cortes con la punta del cuchillo, introduzca en ellos las láminas de trufa y rocíe con un poco de salsa.

SIRVA la pechuga trufada con las hojas de col rellenas y acompañe con el brécol, el romanesco, la coliflor desmenuzada cruda y la salsa en salsera.

gallina rellena

8 | 20 min | 2h30 min

Ingredientes para la gallina:

1 gallina despojada (menudillos aparte)
1 cebolla
1 clavo de olor
1 rama de apio
3 ramitas de hinojo
2 zanahorias
1 nabo
1 manojito de perejil
1 ramita de tomillo
1 hoja de laurel
1 tomate
Sal gorda

Para el relleno:

1 puñado de miga de pan del día anterior
el hígado de la gallina
3 dientes de ajo
2 cucharadas de perejil picado
300 g de salchichas frescas
2 huevos
100 ml de leche
Sal
Pimienta blanca

Para la salsa:

3 huevos duros
3 chalotas
1 manojito de perejil
1 ramita de estragón
3 pepinillos
6 tallos de cebollino
1 manojito de perifollo (facultativo)
20 alcaparras
1 cucharadita de mostaza
1 cucharada de vinagre de vino tinto
200 ml de aceite de oliva
Sal
Pimienta negra

EL RELLENO: Ponga en remojo en la leche la miga de pan. Pele los ajos, píquelos y mézclelos con el perejil. Pique las salchichas y el hígado de la gallina. Eche los huevos con una pizca de sal en una ensaladera, bátalos y añada la miga de pan, el hígado, la mezcla de ajo y perejil y la carne de las salchichas. Sazone con sal y pimienta recién molida y envuelva el relleno con una muselina.

LA GALLINA: Rellene la gallina con esta preparación, cosa con hilo de bramante los agujeros y átela bien para que no pierda la forma durante la cocción. Póngala en una cazuela grande y cúbrala con agua fría y una pizca de sal. Lleve a ebullición y añada la cebolla pelada, lavada y con el clavo pinchado, el apio, el hinojo, las zanahorias y el nabo pelados y lavados, el tomate picado, el perejil, el tomillo y el laurel. Cueza a fuego lento alrededor de 2 horas y media, hasta que la gallina esté tierna. Deje reposar y desgrase el caldo.

LA SALSA: Pique los huevos duros, las hierbas y los pepinillos y eche en una ensaladera. Añada la mostaza, la sal, la pimienta y el vinagre. Vierta el aceite en hilo fino sin parar de remover con un tenedor. Incorpore las alcaparras y mezcle.

SIRVA primero el caldo (en consomé con perejil picado) y después la gallina troceada con el relleno cortado en lonchas y la salsa.

crujiente creole
de pularda

8 | 20 min | 40 min

Ingredientes:

8 muslos y 8 alas de pularda
la piel de las pechugas
2 limas
40 ml de caldo de gallina
500 g de arroz
2 patatas
Sal
Pimienta negra

DESHUESE muslos y alas, trocee y reserve junto con la piel. Precaliente el horno a 180°. Ponga los trozos y la piel en una fuente. Exprima las limas, rocíe con el zumo la carne de ave y hornee a 180° durante 40 minutos, bañando con el caldo a media cocción.

PELE las patatas y córtelas en dados. Cuézalas en abundante agua salada durante 5 minutos. Retire, escurra y añada a la fuente de la carne 10 minutos antes de finalizar la cocción.

Sazone con sal y pimienta recién molida.

CUEZA el arroz en abundante agua salada. Escurra y vierta en una fuente. Coloque por encima los trozos de pularda con los dados de patata.

truco ¡H!

Esta receta está también muy rica con otras aves de corral: pato, pavo, pintada…
Puede acompañar este plato con repollo partido muy fino y hecho al vapor.

pastel frío de pularda
con col china

8 | 25 min | 25 min

Ingredientes para la pularda:

4 pechugas de pularda
2 coles chinas verdes
1 trufa (30 g)
3 cebolletas
1/2 pepino
2 cucharadas de semillas de sésamo tostadas
1 cubito de caldo concentrado de verduras
Sal gorda

Para la salsa vinagreta:

6 cucharadas de aceite de oliva
1 cucharada de aceite de nueces
1 cucharada de vinagre de Jerez
1 cucharadita de salsa de soja
2 cucharaditas de jugo de trufa
Sal
Pimienta negra

Material necesario:

1 molde de medio punto o un bol grande

truco ¡H!

Para facilitar el proceso de desmoldado, tapice con papel film las paredes de los boles antes de colocar las hojas de col.

PREPARE la vinagreta con el aceite de oliva, el aceite de nueces, la salsa de soja, el vinagre de Jerez, el jugo de trufa, sal y pimienta. Emulsione y deje macerar en frío durante 10 minutos.

LAVE las hojas de las coles retirando las partes duras de las hojas más grandes. Escalde durante 2 minutos en agua salada hirviendo, escurra y vierta en un bol con agua helada. Escurra de nuevo y reserve.
Corte la trufa en láminas finas.

CUEZA durante 25 minutos las pechugas en el caldo de verduras preparado con el cubito de caldo. Deje enfriar antes de cortar las pechugas en lonchas finas.

TAPICE 8 boles individuales con las hojas de col y pique el resto. Pele, lave y corte en juliana las cebolletas. Pele el pepino y trocéelo.

DEPOSITE en las paredes de cada bol lonchas finas de pechuga y rellene con la mezcla de col, cebollas y pepino, de nuevo lonchas de pularda y un poco de la mezcla. Aplaste ligeramente y desmolde sobre 8 platos. Rocíe con la salsa y decore con las láminas de trufa.

magret de pato asado
con miel y frutas

4 | 10 min | 20 min

Ingredientes:

2 bonitos magrets de pato
4 cucharadas de miel
1/2 cucharadita de maicena
400 g de castañas cocidas envasadas al vacío
2 peras
200 ml de leche
100 ml de nata líquida
10 g de mantequilla
Sal
Pimienta negra

PRECALIENTE el horno a 210°. Ponga una sartén al fuego con los magrets con la piel hacia abajo hasta que ésta se dore. Retire la grasa generada y coloque los magrets en una fuente de horno con el lado de la carne hacia arriba. Meta al horno durante 10 minutos.

PELE una de las peras y corte en dados. Vierta en una cazuela y añada las castañas, reservando 4 para decorar, y la leche. Cueza durante 5 minutos a fuego lento removiendo de vez en cuando. Fuera del fuego, añada la nata y mezcle hasta obtener un puré fino. Sazone con sal y pimienta.

CORTE la pera restante en láminas finas retirando el corazón. Dórelas en una sartén antiadherente con la mantequilla y reserve en la misma sartén.

RETIRE del horno los magrets y deje reposar 5 minutos. Mientas tanto, mezcle en un bol la miel con la maicena. Extienda esta mezcla sobre la piel de los magrets y páselos por el grill del horno. Supervise constantemente y retire cuando la piel esté dorada y crujiente.

DEJE reposar la carne y caliente el puré y las láminas de pera. Corte los magrets en lonchas y sirva con el puré, las láminas de pera y las castañas.

truco ¡H!

El acompañamiento de esta receta puede variarse según las frutas/os de estación: manzanas con nueces, membrillos con avellanas, etc.

soy
el ch
& aves

ef!

tamales **de pollo**

por Yuriria Yturriaga

6 | 30 min | 1h15 min

Ingredientes:

1 paquete de hojas secas de maíz
250 g de harina de maíz
100 g de manteca de cerdo
1 cucharadita de levadura en polvo
250 ml de caldo de buey o de ave
Sal

Para el relleno:

500 g de pechugas de pollo
10 pimientos rojos del piquillo
3 tomates
2 cebollas
200 g de queso feta
1 diente de ajo
2 cucharadas de aceite de oliva refinado
Sal
Pimienta

truco ¡H!

Pida a su frutero las hojas de maíz. La manteca de cerdo se puede reemplazar por mantequilla.

CORTE el pollo en dados pequeños. Pele, lave y corte la cebolla en juliana. Lave, pele los tomates, retire las semillas y pique la pulpa. Pele el ajo y píquelo bien fino. Quite las semillas a los pimientos y córtelos en aros. (Si son de lata, escúrralos bien antes de trocearlos.)

PONGA el aceite en una sartén, añada las cebollas y el ajo picado y sofría a fuego medio durante 2 minutos. Incorpore los daditos de pollo, sazone con sal y pimienta recién molida y saltee durante 3 minutos. Vierta la pulpa de tomate y los pimientos y saltee durante 5 ó 6 minutos a fuego vivo para que se evapore el líquido. Retire del fuego y reserve.

TROCEE el queso en dados grandes. Ponga en remojo durante 10 minutos las hojas de maíz. Eche la harina y la levadura en un bol. Añada la manteca, vierta el caldo templado y mezcle, y amase después, hasta obtener una masa homogénea.

RESERVE las hojas de maíz más grandes y corte el resto en cordones finos, que servirán para atar los tamales. Junte las hojas, de 2 en 2, en forma de barco y extienda por dentro una cucharada de masa. Coloque encima 2 cucharadas del relleno y sobre éste, unas láminas de queso.

ATE las 2 puntas de las hojas con los cordones preparados y forme un papillote. Prepare de esta manera todos los tamales y póngalos en el cesto de la vaporera para cocerlos al vapor durante 1 hora. Sírvalos calientes, acompañados de nata fresca.

crêpes de ave

por Jean-Georges Vongerichten

6 | 30 min | 1h30 min

Ingredientes para las crêpes:

700 g de pechuga de pollo cocida

10 crêpes de trigo sarraceno

1 lechuga romana

1 pepino

250 g de nabo daikon

4 chalotas

2 cucharadas de semillas de sésamo

Para la salsa:

80 g de albaricoques secos

75 ml de vinagre blanco

100 g de azúcar glas

1 cebolla

3 dientes de ajo

1 guindilla

2 limas

2 cucharadas de aceite de oliva

1 cucharadita de puré de tomate

1 cucharadita de carne de pimiento choricero

2 granos de pimienta negra

5 semillas de cilantro

LA SALSA: Corte los albaricoques en dados y échelos en una cacerola con 1 cucharada de agua, el vinagre, el azúcar y la guindilla, picada y sin semillas. Mezcle bien y cueza a fuego medio durante 1 hora.

PELE, lave y corte en juliana la cebolla. Sofríala en una sartén antiadherente con el aceite y añada la carne de pimiento choricero y el puré de tomate, la pimienta, las semillas de cilantro y los dientes de ajo pelados y picados.

CUEZA a fuego bajo durante 30 minutos hasta que la cebolla esté casi fundida. Eche en el vaso de la batidora con el preparado de albaricoques, añada el zumo de las limas y triture.

LOS ROLLITOS: Deshilache las pechugas de pollo y mezcle con la mitad de la salsa.

Pele, lave y ralle por separado el pepino y el nabo daikon. Pele, lave y corte en juliana las chalotas. Lave las hojas de lechuga, séquelas bien y parta cada una en 2 a lo largo.

PONGA 1/2 hoja de lechuga en el centro de cada crêpe y deposite una porción de tiras de pechuga, una de verduras ralladas y una pizca de chalota y enrolle sin presionar demasiado. Repita la operación con el resto de crêpes y corte cada una en 3. Espolvoree con las semillas de sésamo y acompañe con al salsa.

carpaccio de pato a la piña

por l'École Lenôtre

4 | 5 min | 1h

Ingredientes para el carpaccio:

2 magrets de pato
1 piña
8 tallos de cebollino
50 g de sal gorda
Pimienta negra
100 ml de aceite de oliva refinado

Para el jengibre confitado:

50 g de jengibre fresco
100 ml de vinagre de vino blanco
100 g de azúcar

Para la salsa:

50 ml de vinagre de Jerez
100 g de azúcar
50 ml de caldo de ave
Sal
Pimienta blanca

truco ¡H!

Si no le agrada la carne cruda, puede hacer este plato con los magrets hechos en sartén.

LA ANTEVÍSPERA: Retire la grasa de los magrets y colóquelos en una fuente honda. Añada la sal y deje en sitio fresco durante 6 horas, dándoles la vuelta de vez en cuando. Límpielos, póngalos en otra fuente, espolvoree generosamente con la pimienta de Sichuán y bañe con el aceite.
Meta los magrets en el frigorífico durante 48 horas, dándoles la vuelta un par de veces.
EL MISMO DÍA: Pele y corte el jengibre en juliana. Escáldelo unos segundos en agua hirviendo y escurra sobre papel absorbente. Lleve a ebullición en un cazo el vinagre con el azúcar. Añada el jengibre y confite a fuego bajo durante 1 hora.
PELE la piña y pique 300 g de pulpa. Corte el resto en finas láminas. Haga un caramelo con el vinagre de Jerez y el azúcar. Añada fuera del fuego el caldo de ave y la piña triturada, tape y deje en infusión durante 10 minutos. Triture, pase por el chino y sazone con sal y pimienta recién molida.
RETIRE los magrets de la marinada y escúrralos. Séquelos con papel absorbente para eliminar el exceso de aceite. Córtelos en finas láminas y colóquelos alternando con la piña hasta formar un rosetón. Rocíe con la salsa, decore con las tiras de jengibre confitado y los tallos de cebollino y sirva.

popietas **de pato**

por Jean-Pierre Caule

4 | 20 min | 10 min

Ingredientes para las popietas:
2 magrets de pato de 350 g cada uno
1 trozo grande de redaño
8 lonchas finas de beicon
80 g de jamón cocido
150 g de zanahorias
100 g de nabos
200 g de champiñones
100 g de cebolla
4 cucharadas de aceite de oliva
1 manojito de perejil
Sal
Pimienta negra

Para la salsa:
2 chalotas
100 ml de Pedro Ximénez®
100 ml de caldo de ave
1 cucharada de aceite de oliva
40 g de mantequilla

Material necesario:
Palillos de madera

truco ¡H!

Estas popietas pueden prepararse con antelación y reservarse tapadas en el frigorífico. Puede acompañarlas con un puré de verduras o con unas judías verdes. Puede hacerlas también con pechugas de pollo.

PONGA el redaño en remojo en agua fría en una ensaladera. Retire la piel a los magrets, corte cada uno en 4 trozos a lo largo y sazónelos con sal y pimienta. Pele, lave y pique la cebolla. Corte el jamón en daditos. Pele, lave y corte en daditos las zanahorias y los nabos y pique la mitad del perejil. Limpie y corte en dados pequeños los champiñones.

CALIENTE 3 cucharadas de aceite en una sartén antiadherente, eche la cebolla y deje sudar a fuego bajo durante 2 minutos. Añada el jamón, las zanahorias, los champiñones y los nabos y cueza otros 5 minutos a fuego bajo. Sazone con sal y pimienta recién molida y añada el perejil picado.

COLOQUE 1 cucharada de farsa en un extremo de las tiras de pechuga y enrolle encerrando el relleno. Proceda de la misma manera con el resto de carne.

ESCURRA y seque bien el redaño. Córtelo en 8 trozos y envuelva con ellos las popietas preparadas. Rodee cada una con una loncha de beicon y sujétela con palillos humedecidos.

DORE las popietas en una sartén antiadherente con el resto del aceite durante 2 minutos por cada lado y reserve al calor.

LA SALSA: Pele, lave y pique las chalotas. Póchelas durante 5 minutos con el aceite. Vierta el vino y deje reducir a la mitad, añada el caldo y deje reducir un tercio. Incorpore el jugo de cocción de las popietas y mezcle bien. Añada la mantequilla, poco a poco, batiendo con varillas y retire del fuego.

RETIRE los palillos a las popietas, bañe con la salsa y decore con el resto del perejil.

albondiguillas de pintada
con lentejas

por Roland Durand

10 | 40 min | 1h

Ingredientes:

2 pintadas despojadas (hígados aparte)
500 g de lentejas pardinas
4 tomates medianos
1 cebolla grande
2 dientes de ajo
500 ml de nata líquida
1 yogur natural
1 litro y medio de caldo de ave
3 cucharadas de cilantro picado
10 cm de raíz de jengibre fresco
2 cucharaditas de cúrcuma
2 cucharaditas de semillas de cilantro molidas
2 cucharaditas de pimentón dulce
1 cucharadita de cominos molidos
1 pizca de azafrán en polvo
1 guindilla
4 cucharadas de almendras molidas
10 cucharadas de aceite de oliva
30 g de mantequilla
Sal
Pimienta blanca

PELE, lave y pique bien fino la cebolla. Póchela durante 5 minutos en una sartén antiadherente con 2 cucharadas de aceite. Retire del fuego y reserve.
QUITE los muslos a las pintadas, sazónelos con sal y una mezcla de pimienta recién molida, jengibre, cúrcuma, semillas de cilantro, pimentón y cominos molidos y dórelos, a fuego medio, durante 20 minutos, en una sartén antiadherente con 4 cucharadas de aceite.
Deje enfriar antes de picar bien fino su carne.
DESHUESE el resto de las pintadas y pique su carne con los hígados en la batidora. Mezcle con la carne de los muslos y el jugo de su cocción y añada la cebolla pochada, 1 yogur, 2 cucharadas de cilantro picado, sazone con sal y pimienta recién molida y reserve en el frigorífico.
ECHE las lentejas en una cacerola con agua que las cubra, lleve a ebullición y cueza al mínimo fuego. Mientras tanto, pele y pique los dientes de ajo. Pele y corte en rodajas el jengibre. Lave, pele, retire las semillas a los tomates y píquelos. Añada la pulpa de 1 tomate a la sartén de la cebolla junto con el ajo picado, la mitad del jengibre y una pizca de cúrcuma, pimentón, cilantro y cominos molidos.
VIERTA en la cazuela de las lentejas y mezcle bien. Cubra con caldo de ave y cueza a fuego lento durante 35 minutos. Pruebe de sal antes de finalizar la cocción.
FORME pequeñas bolas, con las manos ligeramente untadas de aceite, con la mezcla de carne de pintada reservada en el frigorífico. Dórelas en una sartén antiadherente con el aceite restante y la mantequilla a fuego medio. Añada el jengibre y las especias restantes y poche a fuego bajo durante 5 minutos. Vierta las albóndigas con su salsa en una fuente cerámica junto con las lentejas, mezcle bien y sirva antes de que se enfríe.

hojaldre de pintada
rellena

por Christine Ferber

6/8 | 1h | 2h20 min

Ingredientes para la pintada:

2 bonitas pintadas despojadas, flameadas y deshuesadas
100 g de pechuga cocida de pollo
1 huevo cocido
100 g de magro de cerdo
1 kg de masa de hojaldre (de encargo en pastelerías)
1 cebolla grande
1 diente de ajo
200 ml de coñac
15 g de sal
1 pizca de pimienta negra
1 pizca de nuez moscada
1 pizca de jengibre
1 pizca de canela molida
25 g de mantequilla
1 huevo

Para el acompañamiento:

1 lombarda
1 cebolla
3 manzanas granny-smith
200 ml de vino blanco de Rueda
1/2 cucharadita de canela molida
50 g de mantequilla
1 cucharada de aceite de cacahuete
Sal
Pimienta

LA ANTEVÍSPERA: Corte en trozos una pintada y reserve entera y deshuesada la segunda. Eche el coñac en una fuente honda, añada las especias y ponga a marinar toda la noche en sitio fresco los trozos de pintada.

LA VÍSPERA: Pele y pique la cebolla y el diente de ajo. Ponga una sartén al fuego con la mantequilla y 1 cucharada de agua, dore la cebolla y el ajo picados y reserve. Pique el magro de cerdo, la pechuga cocida y los trozos marinados de pintada y sazone con sal. Añada la clara de huevo cocido muy picada e incorpore a la sartén de la cebolla y el ajo. Mezcle bien y retire del fuego. Precaliente el horno a 180°.

RELLENE con esta farsa la pintada reservada, cosa los orificios, ate para que conserve la forma y ase durante 1 hora y 30 minutos a 180°. Deje enfriar y meta al frigorífico toda la noche.

EL MISMO DÍA: Saque el ave del frigorífico con 2 horas de antelación y retire los hilos del atado. Extienda la masa de hojaldre hasta 3 mm de espesor y envuelva con ella la pintada. Precaliente el horno a 220°. Decore con la masa formando lazos y hojas y unte toda la superficie con huevo batido. Hornee a 220° durante 10 minutos, baje la temperatura a 200° y continúe la cocción otros 50 minutos.

EL ACOMPAÑAMIENTO: Elimine las hojas externas de la lombarda, córtela en juliana, lávela y escúrrala. Pele, lave, corte en juliana la cebolla y póchela en la mezcla de aceite y mantequilla. Añada la lombarda, el vino blanco, 200 ml de agua y la canela, sazone con sal y pimienta recién molida y cueza a fuego medio durante 35 minutos.

A mitad de cocción, añada las manzanas peladas y cortadas en dados.

SIRVA en rodajas el hojaldre de pintada y acompañe con la lombarda y las manzanas.

pollo de grano asado
en costra de pan

por Marie Soria

6 | 35 min | 1h20 min

Ingredientes para el ave:

1 pollo de grano despojado y bridado de 1,8 kg
1 ramita de tomillo
2 hojas de laurel
1 diente de ajo
1 huevo
Sal
Pimienta

Para la masa de pan:

500 g de harina
50 ml de aceite de oliva
20 g de levadura de panadería
15 g de sal

Para el papillote:

1 kg de cachelos gallegos
4 dientes de ajo
100 g de grasa de oca
1 ramito de tomillo
Flor de sal
Pimienta

LA MASA DE PAN: Diluya la levadura con 500 ml de agua templada e incorpore la harina tamizada, el aceite y la sal. Amase y deje reposar 30 minutos. Extienda la masa y forme un disco de 36 cm de diámetro con un espesor de 4 mm.

EL POLLO: Rellénelo con el tomillo, el laurel y el ajo y sazónelo con sal y pimienta recién molida por dentro y por fuera. Colóquelo sobre el disco de masa y envuélvalo en ella de manera que los pliegues queden por encima del ave.

Precaliente el horno a 180°.

PINCELE toda la superficie de la masa con huevo batido y hornee a 180° durante 1 hora y 20 minutos. Deje reposar 15 minutos fuera del horno.

LOS CACHELOS: Lave los cachelos con su piel y séquelos. Colóquelos en una hoja grande de papel de aluminio y ponga encima el ajo troceado, las hojas de tomillo y la grasa de oca y sazone con sal y pimienta recién molida. Cierre doblando los bordes del papel y cueza en el horno este papillote de cachelos a 180° durante 30 minutos.

SIRVA el pollo caliente con el pan que le rodea y la guarnición de cachelos en papillote.

truco **¡H!**

Pruebe a aromatizar
la masa de pan
con un poco de orégano
y parmesano rallado.

gallinita guisada
a la sidra

por Christophe Bouvier

4 | 40 min | 1h10 min

Ingredientes:

1 gallinita de campo despojada y bridada
2 zanahorias
1 cebolla
1 rama de apio
1 litro de sidra natural
200 ml de nata líquida
40 g de mantequilla
1 manojito de perejil
1 ramita de tomillo
1 hoja de laurel
Sal
Pimienta blanca

Para el acompañamiento:

Patatas salteadas
Cebollino picado
Espárragos verdes

truco ¡H!

Esta receta también puede hacerse con un pollo tierno o con coquelets.

PELE y lave las zanahorias y las cebollas y córtelas en dados. Lave el apio, retire los hilos y trocéelo del mismo tamaño. Eche los dados de verdura en una cazuela con el perejil, el tomillo, el laurel y la sidra. Lleve a ebullición y añada la pollita, tape la cazuela y deje cocer 1 hora a fuego lento hasta que el ave esté reluciente y tierna. Retírela del caldo y reserve al calor.

PASE el caldo por el chino y vierta en otra cazuela. Lleve de nuevo a ebullición y prosiga la cocción a fuego vivo hasta que el caldo espese ligeramente. Rectifique la sazón de sal y pimienta si fuera necesario.

AÑADA la nata y la mantequilla y caliente hasta que la salsa adquiera aspecto untuoso.

TROCEE el ave y nape con la salsa. Acompañe con las patatas cocidas, salteadas a fuego vivo y rebozadas después con cebollino picado. Y con los espárragos verdes fileteados longitudinalmente hechos al vapor o salteados.

pichones asados
con risotto de sus menudillos

por Guy Savoy

🍽	4		40 min		30 min	☼

Ingredientes:

4 pichones flameados, despojados y bridados (hígados y corazones aparte)
40 g de mantequilla
4 cucharadas de aceite de oliva
120 g de arroz
1 chalota
70 ml de vino blanco
750 ml de caldo de gallina
20 g de queso parmesano rallado
80 g de mascarpone
Sal
Pimienta

FUNDA en una cazuela la mantequilla con la mitad del aceite y dore los pichones durante 15 minutos por todas sus caras. Retire y reserve.

PONGA a calentar en un cazo el caldo de gallina. Pele, lave y pique finamente la chalota y póchela durante 1 minuto en una sartén antiadherente con 1 cucharada de aceite. Añada una pizca de sal y el arroz y deje que se dore ligeramente.

DESGLASE con el vino blanco y vierta a cucharadas el caldo de gallina caliente según se va consumiendo el líquido. Cueza así el arroz durante 20 minutos a fuego bajo.

RETIRE las pechugas y los muslos a los pichones y recupere el jugo. Machaque las carcasas y cuézalas en el jugo con 200 ml de agua durante 15 minutos. Filtre el caldo y reserve.

PIQUE los hígados y los corazones y dórelos en una sartén antiadherente con 1 cucharada de aceite. Añada al arroz al final de la cocción junto con el parmesano y el mascarpone, removiendo con una cuchara de madera. Pruebe de sal y retire del fuego. El arroz debe estar, una vez mezclado todo, ligeramente untuoso.

SIRVA el risotto en el centro de cada plato, coloque encima los trozos de pichón y bañe con el jugo.

índice
& aves

aves

micocina

Notas

¡HOLA!

*mi*cocina

Notas

¡HOLA!

Notas

Notas

micocina

Notas

¡HOLA!

*mi*cocina

Notas

¡HOLA!

micocina

Notas

¡HOLA!

micocina

Notas

¡HOLA!

micocina

Notas

¡HOLA!

Notas

*mi*cocina

Notas

¡HOLA!

créditos

¡HOLA!

Dirección Especiales:
Mercedes Sánchez Pérez
Edición:
Yago Barja
Maquetación:
Adele Kelly
Traducción y edición recetas:
Carlos de Diego
Redacción:
08006-BARCELONA: Muntaner, 41.
Tel. 93 241 45 50. FAX 93 414 53 25.
28010-MADRID: Miguel Angel, 1, 5.°,
y Alfonso X, 2, 5.°. Tel. 91 702 13 00.
FAX 91 319 64 44.
redaccion@hola.com www.hola.com
Administración:
28006-MADRID: Velázquez, 98, 1.°.
Tel. 91 781 18 00. FAX 91 435 29 13
Distribución:
ESPAÑA: ¡HOLA!, S. A.
Velázquez, 98, 3.°.
Tel. 91 781 17 60. FAX 91 431 55 73
Impresión:
Estudios Gráficos Europeos, S. A.
P. I. NEISA-Sur-Nave 14 Fase II.
Avda. Andalucía, km 10,300.
28021-Madrid. Printed in Spain.
Depósito legal: M-14.286-2008.
ISBN13: 978-84-612-2859-1
Toda la correspondencia debe dirigirse a
¡HOLA!, S. A. Apartado de Correos núm. 1.424.
08080-Barcelona, o a ¡HOLA!, S. A. Apartado
de Correos núm. 14.707. 28080-Madrid

Fotografías:
Yves Bagros (p. 92), Jacques Caillaut (pp. 10, 16, 32, 34, 46, 52, 60, 72, 78, 100, 108, 110), Jean-Marie Del Moral (p. 74), Jean-Pierre Dieterlen (p. 44), Peter Lippmann (p. 20), Marie-Pierre Morel (p. 70), Hartmut Kiefer (p. 30), Bernhard Winkelmann (pp. 8, 12, 14, 18, 22, 24, 26, 36, 38, 40, 42, 48, 50, 54, 58, 62, 64, 66, 68, 80, 82, 84, 86, 88, 90, 96, 98, 100, 104, 106, 112)

Realización y estilismo:
Michèle Carlesn, Mario de Castro, Sophie Dombre, Monique Duveau, Anne Grandclément, Isabelle Laforge, Marie-France Michalon, Irène Talbot, Soraya Winkelmann.

Agradecimientos a Martine Albertin, Marianne Comolli, Christophe Delcourt, Gabriel Dubarry, Sophie Mallebranche, Olivier Saguez, Yves Taralon, Aurélien, Gabriel, Isé et Léo, pinches de cocina de Michel Guérard

Director de la colección:
Emmanuelle Eymery y Marie-Pierre Ombrédanne, asistidos por Valérie Santoni-Barussaud

Director de la publicación:
Francis Morel